© Chiarelettere editore srl
corso Sempione, 2 – Milano
Gruppo editoriale Mauri Spagnol

ISBN 978-88-6190-850-5

Prima edizione: febbraio 2017
Diciannovesima edizione: ottobre 2022

www.chiarelettere.it
BLOG / INTERVISTE / LIBRI IN USCITA

Franco Arminio

Cedi la strada agli alberi

chiare**lettere**

Ho scritto *Cartoline dai morti*.
Quando avevo nove anni ero un tipo strano.
Non ho pensato neppure per un attimo
di andare via dal mio paese.
Sono un egocentrico che sa ascoltare.
Le vacche e le formiche sono con me.
A Natale mi sento male.
Mio nonno era comunista
ed emigrò in America che era già vecchio.
Mio padre era un oste
e mia madre un pugno di grano.

Sommario

CEDI LA STRADA AGLI ALBERI

CEDI LA STRADA AGLI ALBERI

*Ringrazio tutte le persone
che hanno letto in questi anni le mie poesie.
Dedico questo libro al mio amico Pietrantonio
e ai miei figli Manfredi e Livio.*

Nota d'avvio

La prima volta che ho provato a scrivere una poesia era un pomeriggio di gennaio del 1976. Mi ricordo di aver usato la penna rossa su una di quelle agende in finta pelle che regalavano i commessi che venivano all'osteria di mio padre.

Un altro luogo di fitta scrittura fu la Centoventisette verde di Antonietta. In quegli anni in cui l'inquietudine era la mia fosforescenza scrivevo a oltranza, non avevo pavimenti, non dormivo. Il frutto furono alcuni libri con piccoli editori, ma soprattutto una marea di fogli con cui ho riempito diciotto buste nere dell'immondizia e due casse che aveva portato mio nonno dall'America.

Poi cominciai a scrivere col computer e fu ancora più facile fare e disfare: una stessa poesia compariva in centinaia di versioni, e alcuni versi migravano per anni da una poesia all'altra in attesa di una soluzione definitiva che non arrivava mai.

Alla fine è stato molto faticoso decidere cosa tenere e cosa togliere in questa che considero la mia prima vera raccolta in versi. Eccola, è come *un'anguilla sull'autostrada. / È il lampo di luce / che la distingue dal catrame.*

I

L'entroterra degli occhi

Pensa che si muore
e che prima di morire tutti hanno diritto
a un attimo di bene.
Ascolta con clemenza.
Guarda con ammirazione le volpi,
le poiane, il vento, il grano.
Impara a chinarti su un mendicante,
coltiva il tuo rigore e lotta
fino a rimanere senza fiato.
Non limitarti a galleggiare,
scendi verso il fondo
anche a rischio di annegare.
Sorridi di questa umanità
che si aggroviglia su se stessa.
Cedi la strada agli alberi.

Non ti affannare a seminare
noie e affanni nelle tue giornate
e in quelle degli altri,
non chiedere altro che una gioia solenne.
Non aspettarti niente da nessuno.
E se vuoi aspettarti qualcosa,
aspettati l'immenso, l'inaudito.

Lettera ai ragazzi del Sud

Cari ragazzi,
abitate da poco una terra antica,
dipinta con le tibie di albe greche,
col sangue di chi è morto in Russia, in Albania.
Avete dentro il sangue il freddo delle navi
che andavano in America,
le grigie mattine svizzere dentro le baracche.
Era la terra dei cafoni e dei galantuomini,
coppole e mantelle nere,
era il Sud dell'osso, era un uovo, un pugno di farina,
un pezzo di lardo.
Ora è una scena dissanguata,
ora ognuno è fabbro della sua solitudine
e per stare in compagnia si è costretti a bere
nelle crepe che si sono aperte tra una strada e l'altra,
tra una faccia e l'altra.
Tutto è spaccato, squarciato, separato.
Sentiamo l'indifferenza degli altri
e l'inimicizia di noi stessi.
Uscite, contestate con durezza
i ladri del vostro futuro:
sono qui e a Milano e a Francoforte,
guardateli bene e fategli sentire il vostro disprezzo.

Siate dolci con i deboli, feroci con i potenti.
Uscite e ammirate i vostri paesaggi,
prendetevi le albe, non solo il far tardi.
Vivere è un mestiere difficile a tutte le età,
ma voi siete in un punto del mondo
in cui il dolore più facilmente si fa arte,
e allora suonate, cantate, scrivete, fotografate.
Non lo fate per darvi arie creative,
fatelo perché siete la prua del mondo:
davanti a voi non c'è nessuno.
Il Sud italiano è un inganno e un prodigio.
Lasciate gli inganni ai mestieranti della vita piccola.
Pensate che la vita è colossale.
Siate i ragazzi e le ragazze del prodigio.

Concedetevi una vacanza
intorno a un filo d'erba,
concedetevi al silenzio e alla luce,
alla muta lussuria di una rosa.

Abbiamo bisogno di contadini,
di poeti, gente che sa fare il pane,
che ama gli alberi e riconosce il vento.
Più che l'anno della crescita,
ci vorrebbe l'anno dell'attenzione.
Attenzione a chi cade, al sole che nasce
e che muore, ai ragazzi che crescono,
attenzione anche a un semplice lampione,
a un muro scrostato.
Oggi essere rivoluzionari significa togliere
più che aggiungere, rallentare più che accelerare,
significa dare valore al silenzio, alla luce,
alla fragilità, alla dolcezza.

Lettera a Pasolini

Per leggerti doveva venire qualcuno da Milano
all'osteria di mio padre,
a Bisaccia non arrivava il «Corriere della Sera».
Io ero inquieto come adesso,
forse anche per me la radice
del male era nell'amore impossibile
per mia madre.
Ora che tu sei morto e io sono quasi già vecchio
posso dire che siamo due bestie
e che nulla abbiamo da spartire
con la socialdemocrazia dello spirito
che si è diffusa nei poveri e nei ricchi.
La poesia è dei santi e delle bestie,
mai dei colti e dei precisi.
Dovevamo fare i briganti,
i piromani, i banditi,
e invece abbiamo umiliato la nostra violenza
tra le righe.
L'Italia di oggi
ha perso miseria e garbo,
ha perso l'altezza e la bassezza,
è tutto un viavai di pensieri
a mezz'aria,

perfino nei corpi
a volte non c'è storia.
La fame di corpi che tu avevi
ora sarebbe senza rimedio,
saresti un morto di fame.

Non toccate la Lucania
e non toccate i contadini, quelli di adesso
e quelli che furono macellati a Caporetto,
non toccate quelli che presero le navi
per andare in America,
non toccate chi ha lavorato in Svizzera
e chi è rimasto innocente
in questi paesi
in cui ogni disperazione
è sola nel suo fosso.
Ditelo a chi è rimasto
che bisogna salutarsi con gioia,
che bisogna pulire fuori dalla nostra casa
prima che dentro,
ditelo che non bisogna chiedere favori,
ditelo che non siamo in vendita
e chi ci ha rubato le braccia
ora ci ruba il vento e l'acqua
e il petrolio.
Chi non sa nulla del Sud stia zitto,
parli chi ha il coraggio di starci dentro,
di attraversarlo lentamente.
Stia zitto chi fa il giornalista nei salotti.

Non servono
i mestieranti dello sdegno,
i mercanti del frastuono.
Per raccontare certi luoghi ci vogliono la poesia,
il teatro, il canto.

Io sono la parte invisibile
del mio sguardo,
l'entroterra
dei miei occhi.

Si viene qui per visitare il cielo
o per guardare altri paesi da lontano.
Si sale da un lato e si scende dall'altro,
e chi voleva vedere l'imbroglio
dei nostri tempi, chi voleva frugare
nel Sud dell'incuria e dell'inedia,
trova un paese semplice e sobrio
come una sedia.

Guarda.
Sei in un posto qualsiasi
e ti raggiunge un albero,
un muro, un viso.
Il centro del mondo è poco lontano da te,
è nelle vie secondarie, ti aspetta
dove non ti aspetti niente.
Prendi una forchetta in mano
come se fosse un momento solenne,
porta il bicchiere alla bocca
come se fosse un gesto sacro,
sorridi perché ogni sorriso apre
una crepa nel muro della vecchiaia.
Fai cose coraggiose,
ti fa ringiovanire.
E poi torna, pensa che sei contento,
fallo sapere ai tuoi errori
che li vedi, li riconosci
e li guardi con clemenza.
Guarda dentro e guarda fuori,
guardare è una culla.

Per Angelo

Esce la morte
dalla buca
come la formica
per riportare al buio
il chicco.

Bellissima l'Italia
annidata sull'Appennino.
È la mia Italia,
è l'Italia che trema,
in cui mi inginocchio
ogni giorno
davanti alle porte chiuse,
ai muri squarciati.
Bisogna ripartire da qui,
qui c'è il sacro che ci rimane:
può essere una chiesa, una capra,
un soffio di vento,
qualcosa
che non sa di questo mondo
né di questo tempo.

Prendi un angolo del tuo paese
e fallo sacro,
vai a fargli visita prima di partire
e quando torni.
Stai molto di più all'aria aperta.
Ascolta un anziano, lascia che parli della sua vita.
Leggi poesie ad alta voce.
Esprimi ammirazione per qualcuno.
Esci all'alba ogni tanto.
Passa un po' di tempo vicino a un animale,
prova a sentire il mondo
con gli occhi di una mosca,
con le zampe di un cane.

Diteci a che punto è il grano,
come stanno le vacche,
che fine faranno le api.
Le nostre poltrone
sono le montagne,
i paesi sperduti e affranti,
le rose che fra poco fioriranno.

Spesso gli uomini si ammalano
per essere aiutati.
Allora bisogna aiutarli prima che si ammalino.
Salutare un vecchio non è gentilezza,
è un progetto di sviluppo locale.
Camminare all'aperto è vedere
le cose che stanno fuori.
Ogni cosa ha bisogno di essere vista,
anche una vecchia conca piena di terra,
una piccola catasta di legna
davanti alla porta, un cane zoppo.
Quando guardiamo con clemenza
facciamo piccole feste silenziose,
come se fosse il compleanno di un balcone,
l'onomastico di una rosa.

Certi paesi diventano come quei bar
in cui campeggiano, in polverose bacheche di vetro,
vecchie merendine: i clienti se ne vanno altrove
e il barista non rinnova la merce.
Il bar di oggi vende anche la pasta
e le scamorze e il tonno.
Il barista parla senza aver fretta di niente:
c'è uno che fa lo spazzino
e scava pure le fosse dei morti,
l'ultimo è morto ad agosto e un altro a maggio.
Il barista fa cinque caffè al giorno,
vende una cassa di birra
e dieci bicchierini di Vecchia Romagna.
Uno che vive assistendo i genitori
ha appena chiesto una scamorza
e venti caramelle alla menta
e pure un'altra cosa che non ricordo.

Io dico che si deve partire da un punto qualunque,
per esempio dal fatto che alle nove del mattino
puoi andare in un paese vicino
e sentire quello che dicono al bar
un muratore, un vecchio ammalato, un postino.
Quello che conta è capire che la giornata,
una giornata qualsiasi, è il tuo splendore.
Abbi cura di andare in giro,
non restare fermo come uno straccio
sotto il ferro da stiro.

L'esistenza educa le forme
ad appassire.
Dal mio nome ogni giorno
cade una lettera.

Un poco ci riguarda
il movimento della luna.
Il nostro corpo è d'acqua,
di nuvole fra poco.

Riabitare i paesi non è questione di soldi. I soldi servono a farli più brutti, a disanimarli. Per riabitare i paesi servono piccoli miracoli, miracoli talmente piccoli che li possono fare uomini qualunque, quelli che vediamo in piazza, quelli a cui non chiediamo niente, quelli che ci sembrano perduti. Per riabitare i paesi bisogna credere ai ragazzi che sono rimasti e a quelli che potrebbero tornare: abbiamo mai chiesto a qualcuno veramente se vuole tornare? Per riabitare i paesi ci vuole una nuova religione, la religione dei luoghi. Ecco il punto, la questione non è economica, ma teologica.

Una porta chiusa dice di un fallimento, ma una porta chiusa ha sempre una fessura, abitare la desolazione è possibile se si trova in essa un senso di provvisoria beatitudine. Bisogna spiegare a chi è rimasto e a chi è andato via che in un paese c'è una sacralità disoccupata, la stessa che c'è dentro di noi. Bisogna prendere la via dei paesi perché un posto quanto più è piccolo più è grande e quanto più è ai margini tanto più è centrale.

Oggi la soluzione è essere inattuali e dunque la soluzione è vivere in un paese o meglio ancora in una federazione di paesi. Io, per esempio, adesso abito in un paese che va dal Pollino alla Maiella. Sono un ricco possidente, ho case e terreni in ogni paese che attraverso e ogni giorno, appena posso, mi fermo all'aria aperta, faccio festa.

Craco, Romagnano, Roscigno,
Aquilonia, Conza, Apice.
Prendete un paese del Sud italiano,
svuotatelo di tutti i suoi abitanti,
guardate come diventa bello,
guardate come diventa vivo.

Nel centro di Conza Nuova
ancora fervono i lavori,
ci sono giochi per bambini che non ci sono
e poi sculture d'arte moderna
senza ammiratori.
Un settantenne che ha lavorato lungamente
in Belgio mi dice cose chiarissime.
Uno di ottantacinque anni,
vedovo da tre mesi,
mi parla della sua vita e mi commuove:
Germania e Australia,
sua moglie Filomena
morta davanti al fuoco
mentre puliva la verdura.
Trecento abitanti in quattrocento case
e davanti al bar un annuncio
di chi cerca operai metalmeccanici.
Venticinque anni dopo il terremoto,
dei morti sarà rimasto poco,
dei vivi ancora meno.

Oscilla assiderata la stella di Natale.
Da un bar all'altro inutili traslochi.
Ogni volto è un luogo di confine,
ognuno fa i suoi cenni
completamente incustodito.
Faccio quaranta passi e torno a casa.
Conosco quest'aria e i suoi rancori,
torna ogni anno sempre uguale
come le palle dell'albero e i pastori.

Lettera a Rocco Scotellaro

Caro Rocco,
io sono nato quando il tuo mondo
stava finendo.
Si è più soli nel mondo che è venuto,
ma per fortuna ogni tanto
c'è qualche giorno di bella luce.
Ora la tua Lucania è un altare
per i devoti della terra,
è la pietra che fiorisce nell'aria.

Sospeso sulle argille
d'una vecchia collana,
il paese perde le sue perle,
frana.

Ti attraverso in questo giorno d'aprile
in questa luce ampia, ventilata e spinosa.
Sento che siamo arrivati ai giorni semplici,
sento che mi hai tenuto qui ad allenarmi
e ora mi concedi di entrare in te,
di farmi sentire il tuo fiato
che sa di pietra e argilla.
Ora ti attraverso con fiducia
e penso con fiducia
a ogni scena del vivere e del morire.
Sto insieme a te e insieme ad altri
per fare di ogni fatica una fortuna.
Andiamo dentro le ore
senza saltarne una.

Non solo dobbiamo morire,
ma prima di noi
assistiamo alla morte degli altri,
lenta o improvvisa, sempre ingiusta,
infame, orrenda.
Chiarito che contro la morte
nulla possiamo,
non abbiamo altro da fare
che stare attenti
e donarci
un attimo di bene, uno alla volta,
uno per noi e uno per gli altri.
Possono essere persone care
o persone sconosciute, poco importa,
quello che conta è rubare il seme del bene
e piantarlo sulle facce della gente.

Settembre ci ritrova in un piattino
d'acque scure
con la prosa povera delle acacie,
il grillo di carbone,
le anime rafferme o addormentate.
In questi giorni di cui nessuno è lieto
l'aria è disadorna
e noi siamo estraniati da ogni ardore.
Né docile, né servo all'agonia,
il pittore di sassi ha un filo di fiato
per tenere a bada la morte,
nient'altro.
La nera stella dei Balcani è in frantumi
e lui deve stirare uno a uno i suoi respiri,
la sua ultima biancheria.
La tavola del mondo è inospitale.
Un dio barbaro getta i sassi
dal cavalcavia.

I vecchi dei paesi
sono belli,
parlano una lingua che distende,
hanno un senso di innocenza,
e quando si lamentano
sembra che più nulla ormai li offenda.
Quando voglio stare bene al mondo
io so dove andare:
devo andare in un paese a parlare
con i vecchi.

Se nella stanza c'è la morte
le cose sembrano più degne.
Guardo la madre di Vincenzo,
non c'è più il cerchio rosso
che aveva intorno agli occhi.
Guardo i vivi che le stanno intorno,
poveri e preziosi
come il calendario al muro.
Esco fuori, sento l'abbraccio
impercettibile dell'aria,
guardo bene ogni cosa:
i pali della luce, la legna accatastata,
la corda del recinto per le pecore,
le montagne lontane.
Se ne sono tutti andati,
specialmente chi è rimasto.

Al mio paese, accanto al cimitero,
c'è il vecchio campo di calcio.
Oggi mentre camminavo ho pensato
che potevo prendere un morto alla volta
e fargli fare un giro di campo.
Ho cominciato con mia madre:
le piaceva stare al sole, mi ha chiesto
di avere un coltello
per raccogliere un poco di verdura.
Poi mi sono fatto un giro con Nicola il barbiere,
non ha detto nemmeno una parola,
era sorpreso che fra tanti morti
avessi pensato a lui.
Per ultimo ho preso per mano Tonino De Carlo,
abbiamo parlato come sempre
del suo vecchio amore,
la figlia del macellaio.
Tonino era smanioso come fu da vivo:
mi ha detto di andare più piano
che non voleva sudare.

Il tiglio di Rocca San Felice
non è al centro della piazza,
è la piazza stessa.
Fuori dalla sua ombra
il paese è già periferia.

*

Deliceto, Orsara, Faeto
e poi con un filo di fiato a Greci.
Il grano intorno,
la zolla sulla porta.
Qui bisogna arare pure le case
la prossima volta.

E poi arriva uno sguardo,
un urlo in cui il mondo
si scuce, ti guarda da dentro
e non ti riconosce. Allora senti
che non c'è accordo con nessuno.
Dunque: esci per incontrare un albero,
innamorati del mondo,
ma non farne una storia,
un vanto. E sappi che la miseria
ti salva. E sappi che sei salvo
quando si svela la tua pochezza.
Pensa alla fortuna di non essere capito,
pensa che c'è un punto in cui tutto si rompe.
Non evitarlo mai quel punto,
da lì puoi uscire dalla prigione
in cui ti mette ogni volere,
la prigione del benessere
o del dispiacere.

Lagonegro, Latronico, Lauria,
Melfi, Pisticci, Venosa,
Tursi, Tramutola, Tricarico,
Accettura, Acerenza, Colobraro,
Irsina, Marsicovetere, Viggiano,
Oliveto, Gallicchio, Gorgoglione,
Rivello, Carbone, Montemurro,
Stigliano, Fardella, Missanello,
Barile, Rotonda, Pescopagano,
San Fele, San Mauro Forte, San Chirico Raparo,
Craco, Campomaggiore, Castelmezzano…
La Lucania non è una regione,
è un riassunto del sistema solare:
c'è la Luna ad Aliano nei calanchi,
Saturno sotto il Vulture,
Marte a Pietrapertosa,
Giove sul Pollino.

Immaginate la mattina presto
l'uomo, la donna e il mulo
che vanno lenti verso la campagna
a scorticare la terra
con la zappa per piantarvi un seme.
Immaginate noi
con le famiglie nelle nostre case
gremite di beni poco rari.
Noi che senza esporci a niente
continuamente cerchiamo ripari.

Salendo verso la fine del paese
il silenzio è così forte
che si sente assai vicina la calma
della nuvola
che ha partorito la neve
e la nasconde dentro le cantine.
Sono venuto qui a pregare
su questo altare
oggi che il vento è così forte
e sparpaglia pure le ossa dei morti
nelle bare.

La bella luce di febbraio.
Quest'anno è mancata anche quella.
Febbraio è stato avvolto e avvilito
da questa luce vecchia, dicembrina.
Prima della fugace primavera
bisogna aggirare il muro di marzo
e le montagne russe di aprile.
Il paese non è più la belva
di un tempo,
la bocca sdentata, l'umore spento,
sembra che più nulla ormai lo scuota.
Io qui sono un fantasma,
dentro la testa e dentro la mia casa,
mi sento come una madre
che guarda una culla vuota.

Stamattina in piazza
c'è Pinuccio, professore d'inglese
che non ha mai esercitato la professione,
e l'altro Pinuccio,
che da anni si è rinchiuso
nella prigione dei suoi nervi.
Camminano uno in verticale
e l'altro in orizzontale
davanti alla facciata della chiesa.
Il cruciverba della desolazione.

Ho un alloggio di fortuna:
il mio corpo.
Ieri sera non sapevo dove sistemarmi:
lo stomaco bruciava,
gli occhi erano spine,
la lingua amara,
nelle ossa
temporali.
Bisogna prendere casa nel mondo,
dare confidenze a un muro,
alla curva di una strada.
Così quando moriamo
muore il corpo
e noi siamo immortali
perché siamo in un rovo,
nella tasca di un cappotto,
nella gamba di un tavolo.

Guardo dalla finestra,
non è ancora giorno,
si tratta di aspettare ancora un poco.
Intanto penso che per i morti
non è mai giorno,
non è mai più giorno.
Penso a tutti i morti
che hanno passato la notte
dentro la notte incomprensibile
del non esserci.

Ci sono giorni in cui si muore in molti.
Sono i giorni delle grandi sventure.
Quel giorno in questa terra fu
il ventitré novembre 1980.
Oggi è domenica, nel cimitero di Conza
sono le undici del mattino.
I morti del terremoto sono quasi tutti
sulle stesse file, un piccolo cimitero
dentro il cimitero. Facce di uomini
e donne di ogni età. Facce e storie
che non ho mai incrociato.
Ora di ogni persona che vedo vorrei sapere
cosa diceva, cosa faceva.
Dall'addobbo della lapide a volte si capisce
che si tratta di persone di una stessa famiglia.
Ecco Luisa Masini, nove anni,
col gatto in braccio.
Sotto di lei Valeria Masini,
dodici anni, e poi Maria,
quarantatré anni, la madre.
Il pensiero va subito al padre,
chissà dov'è nel mondo
a trascinarsi con la sua pena.

Pregare è una buona cosa.
Pregare nella quiete
più che nella disperazione.
Raccogliersi e guardare
le cose e le creature
che ci girano intorno.
Siamo qui, soli e perduti
come tutto il resto:
non c'è nessuno
al timone
dell'universo.

Per Pietrantonio

Nelle tue braccia
c'era la forza di un popolo,
una forza lieta, fraterna, svagata.
Nelle tue dita
dimoravano architetti,
fabbri e scultori,
pittori, falegnami.
La tua arte
era stare al mondo
assieme agli altri.
Onorare la vita
era il tuo compito,
ingentilirla
più che biasimarla.

*

Caro Pietrantonio,
mi deludi.
Mi aspettavo qualche sorpresa
dalla tua morte,
una passeggiata in un giorno di neve,
io e te,
nello stesso cappotto.

La sera che fece il terremoto io stavo bene.
Mi piaceva tutta quella gente per strada,
tutti che si guardavano come se ognuno
fosse una cosa preziosa.
Quando si sono messi a dormire
nelle macchine
mi sono fatto un giro,
li ho benedetti uno per uno.

Transumanze

Si scendeva verso la pianura
e la pianura non veniva mai,
i monti partorivano altri monti.

Sopra gli Appennini
la nostra carne era dura, come le tegole, come i muri.

L'aria di febbraio era così sottile
che si spezzava come si spezza un capello.

Da lontano le vacche erano vacche
e gli uomini farfalle.

Svegliarsi nella paglia dopo aver sognato
la casa fresca di buon mattino,
spazzata appena con rami di rosmarino.

Andare e poi tornare, questo era il mestiere:
cucire una terra all'altra col filo del fiato.

Io la chiamo intensità.
L'ho trovata in certe conversazioni
con uomini e donne,
più raramente negli amplessi.
L'intensità non è una cosa
di casa tua,
né di un altrove,
la puoi trovare ovunque,
ma è sempre un poco inattesa.
Mi ricordo un giorno sui monti dauni
davanti a una chiesa,
una mattina gelida a Trevico,
mi ricordo un giorno lontano a Greci
e poi un giorno di maggio a Cairano,
mi ricordo certe intensità fugacissime
ad Aliano.

Lettera novembrina

Carissimi, vi scrivo
con la vita di un minuto,
con la fine,
vi scrivo per dire che faccio quello che so fare
come tutti,
ho qualche riserva sulla vita
ma ci sto dentro,
provo a cambiarla, provo a guastarla
perché la vita quando è sana
non sa di niente, si allontana
dal fuoco, dal vuoto
che stamattina sento intorno a me,
un mondo senza occhi e senza mani,
nessuno mi guarda, nessuno mi tocca,
anche il cielo è velato,
e mi scuso per questo mio pensarmi
che vi pare invadente,
per questo mio non trovare altro che me stesso
in questa prigionia,
in questo poco nascere
e tanto morire.
Vi saluto adesso, lo faccio adesso anche per dopo,
per quando poi ogni parola avrà un altro suono,

per quando sarò deposto dentro il vuoto
a cui non mi rassegno, per il filo d'avversione
con cui vi sento,
voi che spartite il fiato e la terra
con me che piango di paura
per questo mio non potervi raggiungere,
per questo non esserci neppure
in una stretta di mano, come se potessi vivere
solo nel gesto fugace con cui una bestia
cerca di prendersi qualcosa e andare via.
Non posso stare qui seduto
in società,
non posso credere
in quello che ci accade quando siamo assieme,
mi pare che solo rinunciando anche alla compagnia
di se stessi
si possa stare in gita qui nell'aria
e respirare
sapendo che il vento non sa se soffia contro un muro
o contro una faccia.
E io non so se parlo ai muri.
O al miracolo delle facce.

II

Brevità dell'amore

La prima volta non fu quando ci spogliammo
ma qualche giorno prima,
mentre parlavi sotto un albero.
Sentivo zone lontane del mio corpo
che tornavano a casa.

Vederti
sarà una gioia altissima.
All'inizio guardami
come si guarda un bambino.
Mi vedrai crescere a ogni passo.
Sarò alla tua altezza al momento
dell'abbraccio.

Si va in giro per piccole storie,
incerte mete,
intimità provvisorie.

Oggi stavi nel mio sangue
e io me ne accorgevo
ogni volta che il sangue
entrava dentro il cuore.
Oggi stavi nelle ossa.
C'era un vago, minerale
sentore di te
nella testa dell'omero,
nella fossa dell'anca.

Le braccia lunghe, le ossa come piume,
i seni piccoli come isole d'un fiume,
pallida, sempre un po' dolente e schiva,
non potevo immaginare all'interno
la sala degli affreschi così viva.

Dici
che hai sentito nel mio corpo
l'odore del mondo intero:
terra, neve, acqua, cielo,
cane, paglia, pietra, cimitero.

Sto qui che ti aspetto,
aspetto il tuo odore, una tua sillaba eccitata,
e poi un abbraccio, un senso di dolore
che si scioglie, l'universo che rivela
il suo rumore, simile a quello
che fa un passero
quando vola via da un ramo.

Sono il guardiano
della mia malattia.
L'ho raccontata
alle donne che ho visto passare.
Adesso, se vuoi,
muto ti faccio entrare.

Le mie fughe,
le tue durezze.
Filano le paure,
ferme alla frontiera
le carezze.

La punta della tua lingua
è il primo luogo che s'incontra
venendo da fuori.
La punta della tua lingua
come la punta del giradischi
sulla mia carne.

Ogni tanto mi chiedo come sarebbe la vita
se ti potessi abbracciare.
La carne vuole la carne
e io sto qui a limare l'impazienza
mentre nel buio di dicembre
e dentro la mia pelle
si ripete l'amoroso crimine
della tua assenza.

Ora che non posso vederti
mi piace immaginarti mentre guardi
una vacca, un cane, un cardo.
Non so se lo ricordi
il ramo storto dei miei sguardi.

Non me lo scordo
il tuo sesso profondo
come un fiordo.
L'ultima volta
l'abbiamo fatto in macchina
sul sedile posteriore.
Abbiamo cominciato a marzo
che il grano era basso
e abbiamo finito a maggio
quando è alto come il cuore.

Sul tuo viso
c'è un vento caldo
e qualche nube.
Fioriscono i ciliegi
intorno al pube.

Gotica all'interno,
le braccia lunghe come le navate.
Inaccessibili le guglie
della tua tranquillità.

Ti bacio
a occhi chiusi,
bacio gli occhi e le ossa
che stanno negli universi più nascosti
·e quello che di te c'è qui
in questo mondo
che si scuce,
la carne appena calda carezzata
in controluce.

Portami con te in un supermercato,
dentro un bar, nel parcheggio
di un ospedale.
Spezza con un bacio il filo
a cui sto appeso.
Portami con te in una strada di campagna,
dove abbaiano i cani,
vicino a un'officina meccanica,
dentro a una profumeria.
Portami dove c'è il mondo,
non dove c'è la poesia.

La polvere sotto le tue scarpe,
l'impronta che lasciano le tue mani
su una forchetta,
e poi mentre esci
da un'automobile,
mentre ti sistemi gli occhiali tra i capelli,
mentre cammini.
Non ricordo se ti ho mai vista
allacciarti le scarpe.
Adesso mi piacerebbe moltissimo.

Chiamami e conta
da uno a cento.
È bellissimo sentirti dire
ventidue, trentasette,
novanta.

La fortuna di vedere
nei tuoi occhi
l'umidità di certe albe,
la necessità di certi sguardi
con cui i cinghiali
cercano la madre.

Forse il mio corpo
non avrà più la compagnia
del tuo corpo
che lo accompagna a scuola
e gli toglie il cappotto.
La neve che vedono i bambini
non è la stessa che vedono
gli adulti.

Parlami,
aspetto a carne aperta
che mi parli.
Noi non siamo qui per vivere
ma perché qualcuno
deve parlarci.

Io vengo dalla spina dorsale
delle farfalle,
e tu
da dove vieni?

Siamo due malati nella vettura
che va nella pioggia di una triste
Irpinia autunnale. Io parlo
del malore che mi viene mentre parlo,
noioso cronista della mia ansia,
mentre tu del tuo abisso porti fuori
solo le lacrime.
Tu vuoi solo morire, io prego
di non svanire all'improvviso.
A un certo punto provo a starti più vicino
ma tu stringi nelle mani la carta
di una caramella.

Porterò tutto l'anno il lutto
di stare qui senza vederti.
Scriverò i miei versi e starò muto
perché è vero che più di tutto ispira
ciò che non si è avuto.

Lavoro come un fabbro
fino a tarda sera
per dare al nostro amore
un cancello, una ringhiera.

Prima del giorno in cui saremo muti,
prima che tutto muti in muto danno,
tra verdi, silenziosi alberi scuri,
portami al ventre baci densi e puri.

Consigli sentimentali

Trattate bene la vostra solitudine
e la sua.
Baciate la sua nuca
all'improvviso.
Noi siamo bestie
che possiamo farci delle gentilezze.
Ricordatevi William Blake:
«Chi desidera ma non agisce, alleva pestilenza».
Diffidate della psicologia, l'inferno
del chi sei tu e del chi sono io.
Arrendetevi quando vi portano rancore
per i torti che vi hanno fatto.
Diffidate di chi vi fa la Tac
ma poi non vuole spendere tempo per la cura:
quando non hanno tempo
lasciate stare, non è una storia d'amore;
quando non dovete avere pretese,
quando dovete essere garbati,
lasciate stare, non è una storia d'amore.

Dammela tu
una brutale vicinanza,
tagliami i ponti con la paura.
L'amore deve essere un assedio,
ferro e fuoco,
colpi violenti, morsi
per aprire la strada
alla dolcezza.

Aprendosi,
ognuno dei sorrisi può essere
visibile, e perfino leggermente
reciproco.

Al primo abbraccio sento
che tutto il mio sangue sta per cambiare,
l'infanzia si precipita negli occhi,
mia madre mi parla
con un battito del cuore,
la palla corre sotto la coda
dell'asino,
il pane con lo zucchero
non era ancora amaro,
luglio è sulla fronte,
febbraio sulle mani.

Ma se d'improvviso una sera
ci guardassimo negli occhi
avremmo fatto un buon uso,
un uso semplice e profondo
di noi e del mondo.

Ti voglio vedere
come voglio vedere le mani
di mio padre morto.

Mi piace pensare
che lo abbiamo solo nascosto
il nostro amore,
messo nella terra come un seme,
e forse altri lo vedranno spuntare.
È bellissimo un amore
che sopravvive ai suoi amanti.

Quando finisce una storia
bisogna proseguirla con dolcezza,
andare via in ginocchio,
andare via pregando
per chi non amiamo,
per chi non ci ama più.
Bisogna lasciare a tutti
un poco del nostro cuore,
tanto si riforma,
non c'è da temere di restare senza.
Bisogna essere clementi
coi nostri errori
se non vogliamo rifarli altrove.

Il silenzio prende appunti
sul nostro corpo.
La primavera è lontana.
La tua bocca
è una rondine in lutto.

Ancora non avevo certi piombi.
Le donne giungevano al mio cuore
come a una piazza piena di colombi.

Ascoltami, c'è voluto
mezzo secolo di vento
per mettere insieme
quello che ti sto
dicendo.

Alcune donne hanno gesti assoluti,
dolcezze furibonde.
E poi c'è la forma dei capezzoli,
la luce delle costole,
la voce,
il desiderio che squarcia i polsi.
Io entro in te
mentre l'universo si rovescia nel vuoto
e un piccolo fungo nasce su una mela.
Sono attimi senza recinti.

Superbi seni e poi solo rovine.
Il suo disamore,
miniera senza fine.

Il paese è stecchito.
In fondo alla strada
non compare la coda di una balena,
l'aria sbatte il freddo sulle case,
sui cappotti.
A terra c'è un filo di neve
caduto quando io non c'ero.
Vorrei vederti
in queste mattine che non ama nessuno,
io neve di marzo
tu vento di aprile.

Io da te voglio la lingua,
ma non quella che dice,
voglio la lingua
che sale dalla terra,
che è radice.

L'amore che ci diamo
è un regalo alle bestie,
al vento, al grano,
agli sconosciuti che di notte
ci stringono la mano.

Neppure il tuo abbraccio è un luogo
in cui fermarsi.
Ancora non si è sciolta la neve
dell'infanzia,
proseguo la mia fuga.

Aprilo il mio corpo
e lascialo alle mosche
come i pomodori messi al sole.

*

Fa' che io resti lupo
e tu stella.

*

L'iride si fece largo
per riassumerti in uno sguardo.

*

Quelle volte in cui la punta del cuore
ti sale in gola,
ti mette un po' di rosso
nella voce.

*

Ti porto i miei occhi
come i contadini portano l'uva
alla cantina.

È venuto da te la prima volta
che il mio cuore è scappato
da me.

*

Perché sei venuta a spaccare
la tua legna
dentro la mia testa?

*

Con te ero una cosa mossa.
Ora sono una giacca incollata
alle ossa.

*

Lasciami sempre di più,
lasciami ancora.

*

La posizione che voglio io:
salire sul tuo corpo,
scendere dal mio.

*

Io e te distesi
dentro la testa
di una formica.

*

Ti bacio lo sterno.
Il cuore si gira.
Non batte, sorride.

Bagnare di saliva le tue clavicole
e poi metterle al sole.
Così con te si fa l'amore.

*

Tu sei la mano calata nell'inferno,
il sonno del fiume e del serpente.

*

Dopo, dopo ti dirò perché mi piaci.
Adesso concedi l'ostia dei tuoi baci.

*

Prigionieri che cerchiamo porte.
Tu con una chiave tra le mani
attraversa la mia morte.

*

Le tue ultime labbra,
barche leggere in mezzo al porto.

*

Domani
ti passo le dita
sulla bocca
e ce ne andiamo.

*

Ci abbracciamo.
Io e te non sappiamo
in che epoca siamo
quando ci abbracciamo.

Vengo da te adesso,
adesso che non mi vuoi.
È sempre cosi,
amo le storie concluse,
le porte chiuse.

*

È l'ora di punta dell'abbandono.

III

Poeta con famiglia

Sono Arminio,
alto e fragile, d'alluminio.
Della quiete e dell'amore
sono il franco tiratore.

Ricordo la scuola, il maestro cattivo
e prima ancora le suore
a cui sfuggivo ogni mattina
facendomi malato come lei voleva.
Ricordo un interruttore nel primo anno
della mia vita, l'anno in cui morì la madre
di mio padre. Non ricordo mio padre
perché a quei tempi era pure lui un bambino,
giocava a carte fino a notte fonda.
Ricordo il sambuco, le rane,
ricordo l'estate sulla ripa a cercare il rame,
l'alluminio, ricordo il carro di zio Vito.
L'ansia allora non c'era,
c'erano i nervi come fulmini nelle gambe,
non riuscivo a stare fermo,
non facevo nulla da fermo,
qualcuno a quel tempo mi doveva cucire,
vedere che ero una cosa squarciata,
non potevo vivere in questo modo
e invece sono andato avanti girando
nel mio sangue a cercare la morte
che mi sta davanti, la inseguo,
cerco di fermare

la sua furia
di portarmi dalla sua parte.
Sono ancora qui, posso fare a nuoto
il paese, posso andare a stringere le mani
ai seppelliti, ma poi ognuno è la sua cosa,
e io mi spingo sempre più dentro di me,
dentro la cosa che non c'è.

Tuo padre rimase muto,
gli nevicava sul viso la Svizzera
e la prigionia.
Tua madre è l'ultimo passato
che ci resta.
Poi ci sei tu
a cui dettavo versi
nel verde di una Centoventisette.
Nulla è cambiato,
comincerà da qui
se mai dovesse cominciare
la mia vita.

È il pensiero della fine
che m'ispira.
Nella testa
ho un cecchino
che non spara,
prende solo la mira.

Ti proteggerò amore mio,
sarò dolcissimo con te e con gli alberi,
ci sarà una diffusa devozione per te
nella nostra casa,
mi alzerò ogni mattina
per sistemare l'alba
prima che ti svegli,
ti raccomanderò
alle piante, ai bicchieri.

Lettera a Livio

Ti voglio dedicare una poesia
adesso che sono vivo
e posso vederti, posso abbracciarti.
Tu non mi fai recintare la luce,
non mi fai dire cose già concluse.
A volte mi chiedo
che amicizia sarebbe la nostra
se tu non fossi mio figlio.
Ti scrivo per dirti
che il mio amore per te è scandaloso
e voglio che sia chiaro a tutti,
voglio che sia detto senza reticenza.
Io ti dono questo mio stare sparso
e conficcato dentro uno spavento
che non passa.
Averti vicino è un soffio di bene,
è qualcosa di più
della paura che abbiamo in ogni cuore.
Come fai a essere così forte
tu che sei figlio di un tremore?

Manfredi va avanti
con le scapole volanti.
Ogni tanto mi chiedo
se usa il mio stesso filo
per cucire il suo tappeto di fantasmi,
o se di quel tappeto io sono
la polvere.

Non mi sono curato
nessuna malattia, sono tutte qui con me
assieme a questa contentezza
che mi visita ogni tanto e poi va via.
Chiamatela poesia.

Navigo sulle argille
di vecchie paure,
da fuori sembro sano,
ma all'interno ogni giorno
dentro il mio corpo frano.
I demoni tirano
dal basso, sono tutta
creta, neppure una pianta,
un sasso.

Ringrazio mio padre
per il malumore,
mia madre per l'ansia,
il mio paese per la neve e il vento,
ringrazio uno per uno
tutti i disamori,
ringrazio i rancorosi,
gli scoraggiatori militanti,
ringrazio i morti,
gli ammalati,
i malestanti.

Il Grillo d'Oro
sta sul lato morto della strada,
è l'ultima casa aperta
sulla destra di via Mancini.
Il luogo è antico
e c'è ancora un'aria
che tiene caldo il cibo:
mio padre cura ogni tavolo
come se fosse un nido,
riempie il piatto, gli dà peso.
Io sono il figlio che scrive,
la mia pietanza non si vede,
lo smalto è leso.
Io recrimino sul mondo
sempre più sfinito e astratto.
Mio padre non pensa al mondo
ma solamente al piatto.

Ti alzavi alle tre di notte
per gli involtini di vitello.
L'alba era l'ora delle polpette
e poi delle lasagne.
Io mi svegliavo
quando la mia stanza serviva
per apparecchiare i tavoli.
Non avevo un compito preciso,
durante il banchetto mettevo
un cucchiaio di piselli
accanto all'involtino.

Se ho capito bene
appartieni alla stessa sostanza
del pane, del respiro.
Sei nata a dicembre,
nell'anno della grande nevicata.
Il tuo candore si posa in ogni sguardo,
in ogni gesto.
Non so ancora come ringraziare
il miracolo di averti vicina.
È rara la tua bontà, è intera
come una goccia di brina.

Mi ha costruito il vento,
un vento freddo, il vento del Venerdì santo.
Sono nato nell'ansia e lì sono rimasto.
L'ansia ti rovina la vita,
ma ti tiene al freddo,
conserva la purezza,
non ti disperde nel commercio
delle ipocrisie.
Sono un ragazzo di montagna,
so di terra e di vento e di amarezza.

Io avevo vent'anni e qualche mese,
ero dentro la tela dei miei nervi,
sputavo l'aria, non la respiravo.
Ricordo lo stupore del primo abbraccio,
ricordo le trecce e un giubbino giallo
che dava una bellissima forma ai fianchi,
ricordo la lotta tra le mie parole e il tuo silenzio.
Il paese era spaccato, c'erano ancora i muli
e c'erano le macchine, cadeva il vecchio
e il nuovo ci nasceva tra i denti.

Sono un poeta, non sono un uomo.

Non so bene cosa significa questa frase, ma sento che nel mio caso è vera e mi sembra giusto pronunciarla. Nel dire che mi sento più poeta che uomo non faccio riferimento a una dote in più, semmai a qualcosa di meno. Il poeta non è un uomo più rifinito, ma una sorta di preuomo, una bozza, un tentativo non riuscito di accedere all'umano e alla realtà.

Mi trovo in una sorta di limbo, sento davanti a me il confine dell'umano, ma ancora non riesco a varcarlo, come se dall'altra parte ci fosse un pericolo che non mi sento di correre. Ma è pericoloso anche restare dove sono, indugiare, affrescare con le parole l'utero simbolico in cui mi trovo.

La realtà non è il mio posto, forse per questo riesco a vederne alcuni tratti: per questo avvicendarsi di intimità e distanza.

Bisogna saperci fare con i morti,
tenerli sempre con noi.
Io adesso sto guardando mio padre
che alza la testa dopo il sonno sul tavolino.
Mio padre non ha più bocca a quest'ora
e non ha più dormito
dal giorno della sua morte.

Tutto viene da mia madre,
dal suo perenne sgomento,
come se la vita non fosse
mai veramente possibile,
come se bastasse un cenno
a sparpagliare nel nulla le membra.
Io ho preso nell'infanzia
questo sentimento
come si prende una radiazione
e ora ogni mio respiro è l'ossigeno
del timore, la sua lenta
o improvvisa combustione.

Anche senza di te mi sento fragile,
sento il mio corpo aperto,
sgretolato.
Ho un corpo senza muri,
come un campo di grano,
un corpo senza cancelli e senza chiave,
un corpo steso al vento:
dentro ci pisciano i cani,
strisciano i vermi,
si perdono gli umani.

Tu madre
chiami tua madre
e io penso alla madre
di tua madre
e a tutte le altre madri
che non ci sono più
fino alla prima,
quella per cui siamo tutti orfani.

Poco fa sentivo il cuore di mia moglie
sulla mia guancia.
Il cuore di mia moglie
è una cesta dove dormono i gatti,
un forno dove lievitano
le crostate.
Il cuore di mia moglie
è una luminosa chiesa di campagna,
un arcobaleno posato
sui campi.

Sono qui che lavoro contro il mio destino,
contro mia madre,
contro la noce scura in cui mi ha concepito.
Sono diventato uno che dice,
ma resterà sempre una crepa
la mia radice.

Gli sposalizi a casa mia
si facevano d'inverno.
Lo sposo veniva apposta dalla Svizzera,
era una festa di tre giorni.
Il privilegio di ballare spettava
ai parenti dal collo duro e le ossa storte,
il concertino di zio Giovanni
intrecciava *Rosamunda* con le stelle filanti,
Federico il fotografo
gettava il suo lampo sulle facce di terra.

La neve sulle scapole

La vita, se la riempi tutta con la vita, diventa una cosa terribile. E pure l'amore, se lo riempi tutto con l'amore, diventa terribile. E pure il soffrire, se lo riempi tutto col soffrire, diventa terribile. Non so perché ora mi viene in mente che morendo mi puoi partorire.

*

Stanotte dormiremo vicini. Tu nel tuo letto, io sul divano. Davanti a noi gli alberi di noce e più giù la fontana e poi il monte bianco che non si vede più e le frane e il paese nuovo. Chiudo gli occhi, ti faccio una carezza. La tua carne si è sciolta come neve sulle scapole.

*

Tutto quello che posso vedere è la faccia di mia madre, come cambia giorno per giorno, come si muove il respiro, come si svuotano gli occhi. Mia madre è un accampamento in cui c'è stato un incendio, è un profugo che cerca scampo da qualche parte.

*

Ogni morente ha le sue masserizie sulle spalle e sale in una notte piovosa su una montagna di creta.

Io e la vedova davanti a mia madre. Lei sta là col suo dolore antico, io sento che il dolore è il mio avvenire. Lei non parla, io neppure. Lei spia le mie lacrime, io le sue.

*

Tutta sbagliata la mia vita, diceva mia madre stamattina. Tutta sbagliata anche la mia, nascosta dietro la poesia.

*

Dio non esiste stamattina, almeno non esiste in questa stanza. Ora c'è la luce del giorno, mia madre e mio fratello respirano un po' di sonno. La nebbia di giugno si solleva, guardo il verde delle foglie, guardare è il mio riposo. Dura poco. Mia madre torna al suo dolore e porta via le foglie.

*

Tornando da Calitri, dove ero andato a prendere il nuovo materasso per le piaghe, ho visto che ormai eri morta. Respiravi ancora solo perché avevi diviso in pezzi piccolissimi l'ultimo respiro.

*

Le foto dell'America, i centrini, il vestito da sposa d'organza, le bomboniere, il portachiavi col nocino, i fili, le camicie coi merletti, le medicine, le ricette, la valigia dell'ospedale, i calendari dei santi, Padre Pio a punto croce, le cornici, le cartoline del Canada, i biglietti dei morti, gli abiti dei matrimoni, le tovaglie coi pizzi, i cuscini all'uncinetto, il quaderno celeste dove scrivevi. L'ultima pagina è il tre maggio e finisce così:

> Fa' quello che vuoi su di me sono sconfortata più a letto che alzata e di che è niente tante medicine tutto qua la mano trema

pure ed io smetto di scrivere era pure bello raccontare basta sono una vecchia malata Gesù guardami specie la notte a voi tengo di compagnia i Santi e tutti li prego a domani.

IV

La poesia al tempo della Rete

La poesia è un mucchietto di neve
in un mondo col sale in mano.

La poesia è amputazione.
Scrivere è annusare
la rosa che non c'è.

Il naufragio della letteratura

Una volta c'era la letteratura e poi c'erano gli scrittori. Immaginate un mare con i pesci dentro. Adesso ci sono solo i pesci, tanti, di tutte le taglie, ma il mare è come se fosse sparito. È successo in poco tempo, e non ce l'ha comunicato un esperto. Ce ne siamo accorti incontrando un poeta da vicino, parlando con un narratore al telefono. Abbiamo sentito che qualcosa non c'era più. Ognuno ha i suoi libri, le sue parole, sono sparite le strade che mettevano in comunicazione uno scrittore con l'altro, tra chi muore e chi vive non c'è alcuna differenza, non c'è differenza tra chi lotta e chi è vile.

Oggi tra gli scrittori regna una pacata indifferenza e lo spazio vuoto che c'è tra quelli che scrivono accresce lo spazio tra chi scrive e chi legge. La letteratura è una barca che ha fatto naufragio e ognuno coi suoi libri lancia segnali di avvistamento che nessuno raccoglie perché ognuno è impegnato a farsi avvistare.

Le voci non si sommano e non spiccano. La letteratura fa pensare a un'arancia virtuale: a ciascuno il suo spicchio, ma dov'è il succo?

Poesia e guarigione

C'è un problema quando si hanno rapporti con i poeti. Il problema deriva dal fatto che il poeta è una creatura patologicamente bisognosa di amore. Una creatura in subbuglio con cui non si può mantenere un'amicizia generica e blanda. Col poeta non ci possono essere pratiche attendistiche e interlocutorie, bisogna gettargli in faccia il nostro amore o il nostro odio, bisogna tenerlo ben vivo nella nostra mente, bisogna pensarlo, parlargli delle sue parole, raccontargli le sue storie.

Uno allora può dire: ma a che serve tutto questo? Io penso che alla fine non serva al poeta, perché il poeta non ha mai bisogno di quello che gli viene dato. Penso che tutto questo serva a chi dà, a chi si protende a lenire le varie disperazioni del poeta. L'atto di guarire chiude le ferite, ma solo al guaritore.

L'embargo della poesia

Il poeta è quella creatura che non può stare in questo mondo ed è la persona che più ha bisogno delle cose del mondo. La sua è una bulimia spirituale e, proprio perché è spirituale, non conosce limiti e confini.

È molto grave che il mondo abbia dichiarato un vero e proprio embargo verso i poeti. Il mondo dei disperati che vogliono distrarsi odia i disperati che invece cantano la loro disperazione. Fra le tante guerre in corso, strisciante e non dichiarata, c'è quella che vede i poeti come vittime.

Ogni giorno una cenere sottile cade, attimo dopo attimo, sulle spalle degli spiriti più luccicanti. Lo scopo è opacizzare tutto, rendere tutto intercambiabile, omologabile, smerciabile. Questa è una società totalitaria e come tale non può che essere ferocemente ostile al grido solitario del poeta, alla sua natura irrevocabilmente intangibile. Il poeta è fuori dall'umano e come tale è un pericolo. Gli uomini non possono tollerare che esistano creature che hanno gli occhi, il cuore e le parole, ma che nulla hanno da spartire con loro.

Bordello facebook

Qualche tempo fa mi era venuta l'immagine di facebook come di una strada a luci rosse. Ognuno sta in vetrina a esporre la sua merce. Chi mostra i glutei, chi spalanca le cosce. Tutto un susseguirsi di merci che cercano acquirenti nella scabrosa condizione in cui i produttori sono assai più dei possibili compratori. E questo i compratori lo sanno e da lì nasce la figura del compratore sadico, colui che entra nel box, gira intorno alla merce e magari se ne va lasciando semplicemente un commento sarcastico. Non c'è differenza tra chi esibisce la sua gamba monca, l'occhio in cui cigola il delirio, e quelli che fanno finta di stare qui perché vogliono cambiare il mondo, fanno finta di indignarsi, insomma fanno finta di essere scrittori.

Facebook è una creatura biforcuta perché porta la scrittura, ma la porta in un clima che sembra quello televisivo. Chi scrive, chi commenta, deve ogni volta decidere da che parte stare, sapendo che da quando abbiamo smesso di credere all'invisibile e al sacro tutto il visibile e il profano non ci basta più, e ci basterà sempre meno.

Nuove percezioni dell'umano

La letteratura non può ridursi a un ballo in maschera. Gli scrittori devono mettere la propria faccia in ogni riga che scrivono. Scrivere è un martirio oppure non è niente. Per divertirsi e per divertire ci sono altre cose, forse. La letteratura è un luogo in cui ci si affanna a costruire nuove percezioni dell'umano. Chi si sporge, chi si pone in bilico è meno elegante e per questo merita di essere consolato.

Abbiamo bisogno di compassione. Abbiamo bisogno di consolazione e di amore. Dare amore per me significa dare nuove visioni di noi stessi e degli altri. Darle non per cantarcela tra noi, ma per puntare a uno sfondamento, per sfondare la creazione e vedere cosa c'è dietro questa parata che chiamiamo vita.

Ci sarà sicuramente un giorno in cui neppure un filo d'erba parteciperà alla parata. La nostra mente può andare già adesso in quel punto, farsi fecondare da quel buio e con quel buio stare nella luce che abbiamo adesso, la luce degli angeli e del sole, la luce delle piante e degli occhi. Scrivere significa gettare scompiglio nella parata, non lasciarla fluire come fosse una volgare scampagnata.

Per una comunità poetica

Ho due problemi. Il primo è che potrei morire da un momento all'altro. Il secondo è che prima o poi morirò. Da qui nasce la mia imperiosa urgenza, da qui il mio scalpitare senza reticenze e aloni. Sono tutti scoperti i miei passaggi, sono offerte intimamente politiche perché contengono sempre un richiamo alla costruzione di una nuova comunità in cui sogno e ragione vadano insieme, una comunità poetica.

Ormai siamo tutti alle prese con cose che riguardano solo noi. Non c'è un'assemblea, un foro in cui si dibatta il nostro caso. Al massimo riusciamo a incuriosire qualcuno per un attimo, poi dobbiamo farci da parte. Se invece insistiamo a proporre la nostra questione, come sto facendo adesso, dobbiamo aspettarci che gli altri diventino insofferenti.

C'è una sola notizia di noi che può un po' sorprendere, un po' emozionare gli altri: è la notizia del nostro decesso, ma è una carta che possiamo giocarci una sola volta e, una volta che ce la siamo giocata, non abbiamo modo di verificare la risposta.

Poesia è malattia

Poesia è malattia, diceva Kafka. Il poeta che manda in giro le sue poesie manda in giro i suoi virus, le sue fratture, i suoi tessuti infiammati. Il poeta anela alla cura, o almeno alla consolazione, ma dall'altra parte si pensa a difendersi dal contagio.

La poesia dice sempre del tentativo di riparare un lutto e, quando viene spedita, fa un po' l'effetto di un afflitto che va in giro a chiedere le condoglianze. E questo movimento rende dubbio il lutto stesso, come se ci trovassimo davanti a qualcuno che volesse venderci le azioni del suo dolore, azioni destinate inevitabilmente al ribasso in una società in cui tutti piangono e dove i morti senza lutto si confondono con i lutti senza morto.

Il poeta è alla guida di un'impresa fallimentare perché ogni suo prodotto resta invenduto e la ragione dell'impresa consiste esattamente in questo. Anche se il prodotto risultasse smerciabile, al poeta non può venirgli nulla, non ci sono rendite, bisogna subito ricominciare da capo. La poesia è radicalmente anticapitalista, non prevede nessuna forma di accumulazione. Un dolore antico è sempre un dolore fresco di giornata.

Quando scrivi ti devi impaurire

Scrivo da tanti anni, mi pare di non aver fatto altro nella vita. Scrivo a Ferragosto e a Capodanno, scrivo dal mio paese, scrivo dai miei nervi perennemente infiammati.

Senza l'assillo della morte mi sento una cosa inerte. Ho bisogno dello spavento. Lo spavento falcia la mia vita e la trasforma in scrittura, un po' come fa la mietitrebbia col grano.

Parlo dei paesi perché a un certo punto mi sono reso conto che erano un po' al mio stesso punto: creature in bilico, col buco in mezzo. Mi piace arrivare nei paesi per sentire questa cosa nuova che è la desolazione, questa cosa che ha preso il posto della miseria.

Il paese è diventato interessante perché è come se avesse finito i suoi umori, il suo ciclo vitale, persiste a essere abitato, ma sembra quasi incurante dei gingilli con cui si trastulla il mondo.

La faglia è la mia figura, il bordo, la fessura. Abito un orlo senza precipizio, un luogo ideale per poggiare l'orecchio sulla morte. Quando scrivi ti devi impaurire, altrimenti non stai facendo niente.

Il libro infinito

Il mondo simbolico è diventato reale e il mondo reale è diventato simbolico. In questa condizione il poeta trova un ulteriore motivo di disagio perché ogni volta che c'è un mondo per il poeta c'è un esilio. E se i mondi sono due, l'esilio è doppio.

Per anni abbiamo pensato alla poesia come a una realtà marginale, un lavoro per animi eletti, per animi disposti a lavorare ossessivamente sulla lingua. Adesso le poesie le fanno tutti. Il problema non è scrivere cose belle, ma far circolare quello che scriviamo.

È come una città nell'ora di punta. Tutti escono in strada con la macchina e non si cammina. Tutti escono in Rete con le loro parole e dunque non si legge. Per leggere abbiamo bisogno di avere davanti a noi un testo con un inizio e una fine. Può essere anche di mille pagine, ma i confini devono essere precisi.

In Rete non c'è un nostro testo, il nostro testo entra in un libro infinito a cui ognuno aggiunge la sua pagina. A volte sembra quasi che per avere la sensazione di essere letto devi strapparla, la tua pagina, devi sparire. L'unica pagina che viene letta è la pagina bianca.

Narrazioni

(ultimi volumi pubblicati)

Carlo Vulpio
IL GENIO INFELICE

Hugo Bettauer
LA CITTÀ SENZA EBREI

Giovanni De Plato
IL MISTERO DI EVITA

Carlo Vulpio
IL SOGNO DI ACHILLE

James Patterson
con John Connolly e Tim Malloy
SPORCO RICCO

Barbara Baraldi
SENTENZA ARTIFICIALE

Enrico Morello
LA MIA BANCA

Giancarlo Capaldo
I DELITTI DI VIA MARGUTTA

Pier Luigi Celli
LA MANUTENZIONE DEI RICORDI

Alessandro Curioni
IL GIORNO DEL BIANCONIGLIO

Pais, Beatrice, Pistoletto, Arminio,
Veltroni, Rapaccini, Cavazzoni
IL TEMPO DELLA GENTILEZZA

Tiziana Ferrario
LA PRINCIPESSA AFGHANA E IL GIARDINO DELLE GIOVANI RIBELLI

Giancarlo Capaldo
LA RAGAZZA SCOMPARSA

Gianluca Barbera
L'ULTIMA NOTTE DI RAUL GARDINI

Alessandro Curioni
CERTE MORTI NON FANNO RUMORE

Tiziana Ferrario
LA BAMBINA DI ODESSA

Biblioteca Chiarelettere

(ultimi volumi pubblicati)

Simone Weil
IL LIBRO DEL POTERE

Jack London
IL SENSO DELLA VITA (SECONDO ME)

Hannah Arendt
DISOBBEDIENZA CIVILE

Guido Calogero
L'ABC DELLA DEMOCRAZIA

John Maynard Keynes
PROSPERITÀ

Max Scheler
IL RISENTIMENTO

don Primo Mazzolari
COME PECORE IN MEZZO AI LUPI

don Lorenzo Milani
L'OBBEDIENZA NON È PIÙ UNA VIRTÙ

Étienne de La Boétie
DISCORSO SULLA SERVITÙ VOLONTARIA

George Orwell
MILLENOVECENTOTTANTAQUATTRO

Luigi Einaudi
L'IMPOSTA PATRIMONIALE

Finito di stampare
nell'ottobre 2022 presso
Rotolito S.p.A. – Seggiano di Pioltello (MI)